W0317075

Dieses Buch widme ich meiner Mutter, meinem Mann Manfred
und unseren beiden Kindern Michaela und Marwin
sowie den Kindern, von denen ich ein Porträt zeichnen durfte.
Mein besonderer Dank gilt meinem Gott und Schöpfer, der mir diese Gabe geschenkt hat.

Die Bibelzitate wurden der Übersetzung »Hoffnung für alle« (Brunnen Verlag Basel und Gießen) entnommen.
Copyright © 1983, 1996 by International Bible Society.

2. Sonderauflage 2006
© 2003 Oncken Verlag Wuppertal und Kassel
Gesamtgestaltung: Jörg Peter, Wetter
unter Verwendung von Zeichnungen von Hannelore H. Heide
Druck und Bindung: Graspo, Tschechien
ISBN 3-7893-7298-6
Bestell-Nr. 627 298

HANNELORE H. HEIDE

DU MACHST MEIN LEBEN REICH

KINDERPORTRÄTS

Zur Geburt von Finja
mit lieben Segenswünschen
von Oma und Opa.
Nov. 06

ONCKEN VERLAG WUPPERTAL UND KASSEL

Wo Kinder sind,

da ist ein goldenes Zeitalter.

Novalis

Hannelore H. Heide

Das Juwel des Himmels

ist die Sonne,

das Juwel des Hauses

ist das Kind.

Fernöstliche Weisheit

Hannelore H. Heide

Jedes neugeborene Kind
bringt die Botschaft,
dass Gott sein Vertrauen
in den Menschen noch nicht
verloren hat.

Rabindranath Tagore

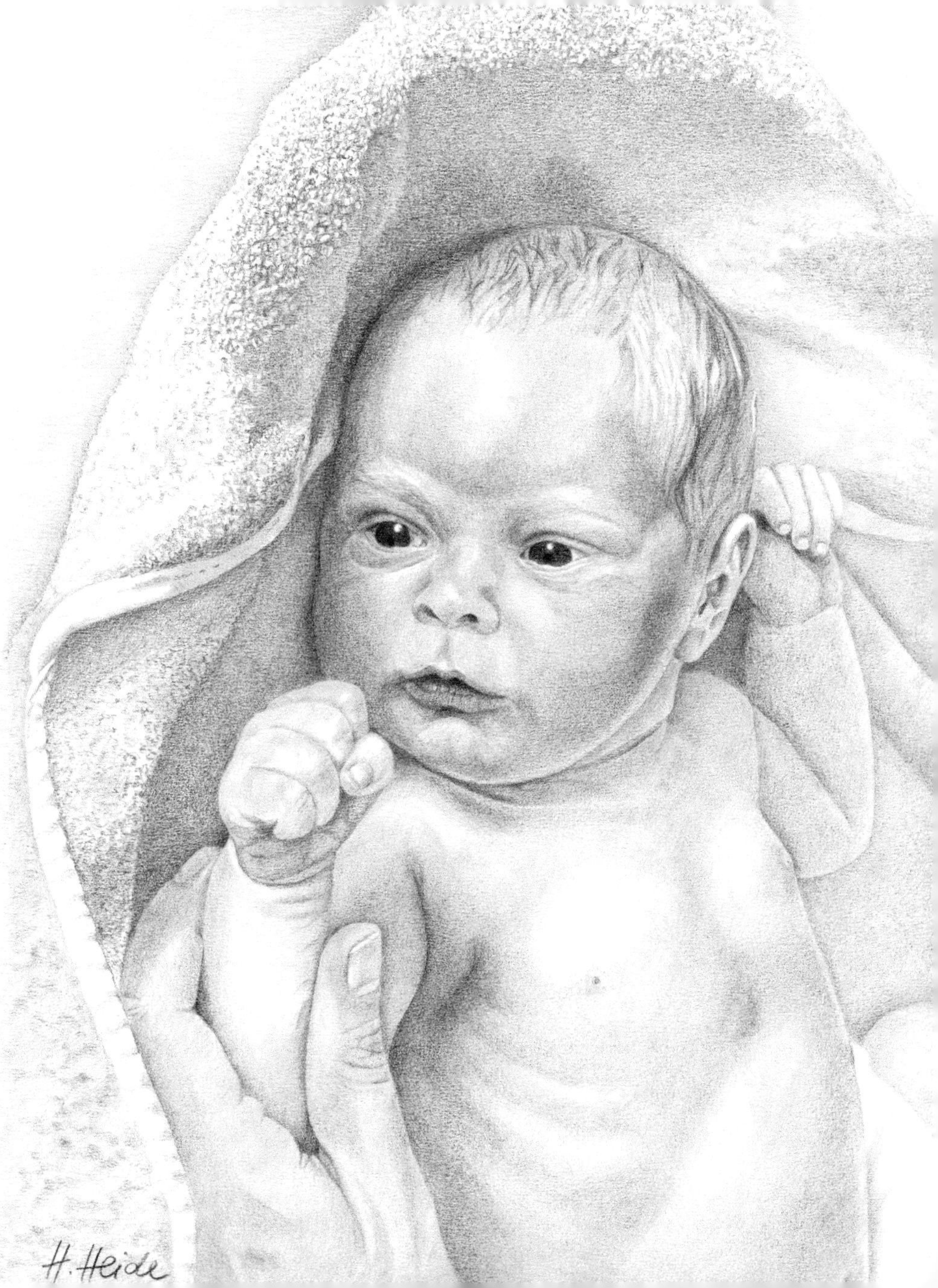
H. Heide

Es sollen nicht die Kinder

den Eltern Schätze sammeln,

sondern die Eltern den Kindern.

Paulus (2. Korinther 12,14)

H. Heide

Ein Kind betritt deine Wohnung
und macht in den folgenden zwanzig Jahren so viel Lärm,
dass du es kaum aushalten kannst.
Dann geht das Kind weg
und lässt das Haus stumm zurück,
dass du denkst, du wirst verrückt.

John Andrew Holmes

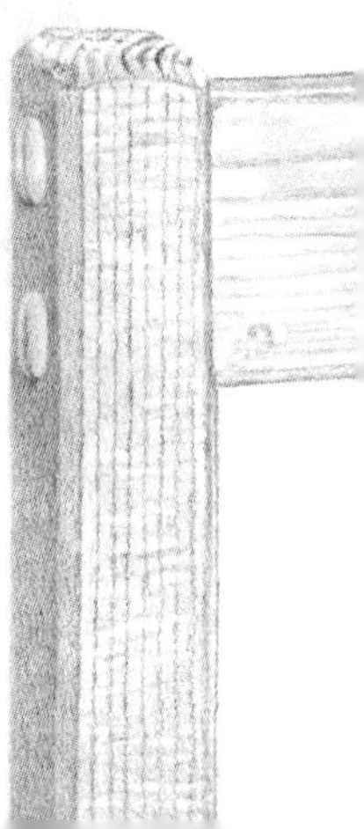

H. Heide

Ein Kind ist ein Buch, aus dem wir lesen und in das wir schreiben sollen.

Peter Rosegger

Hannelore H. Heide

Kinder sind der wertvollste Schatz der Welt

und ihre größte Hoffnung für die Zukunft.

John F. Kennedy

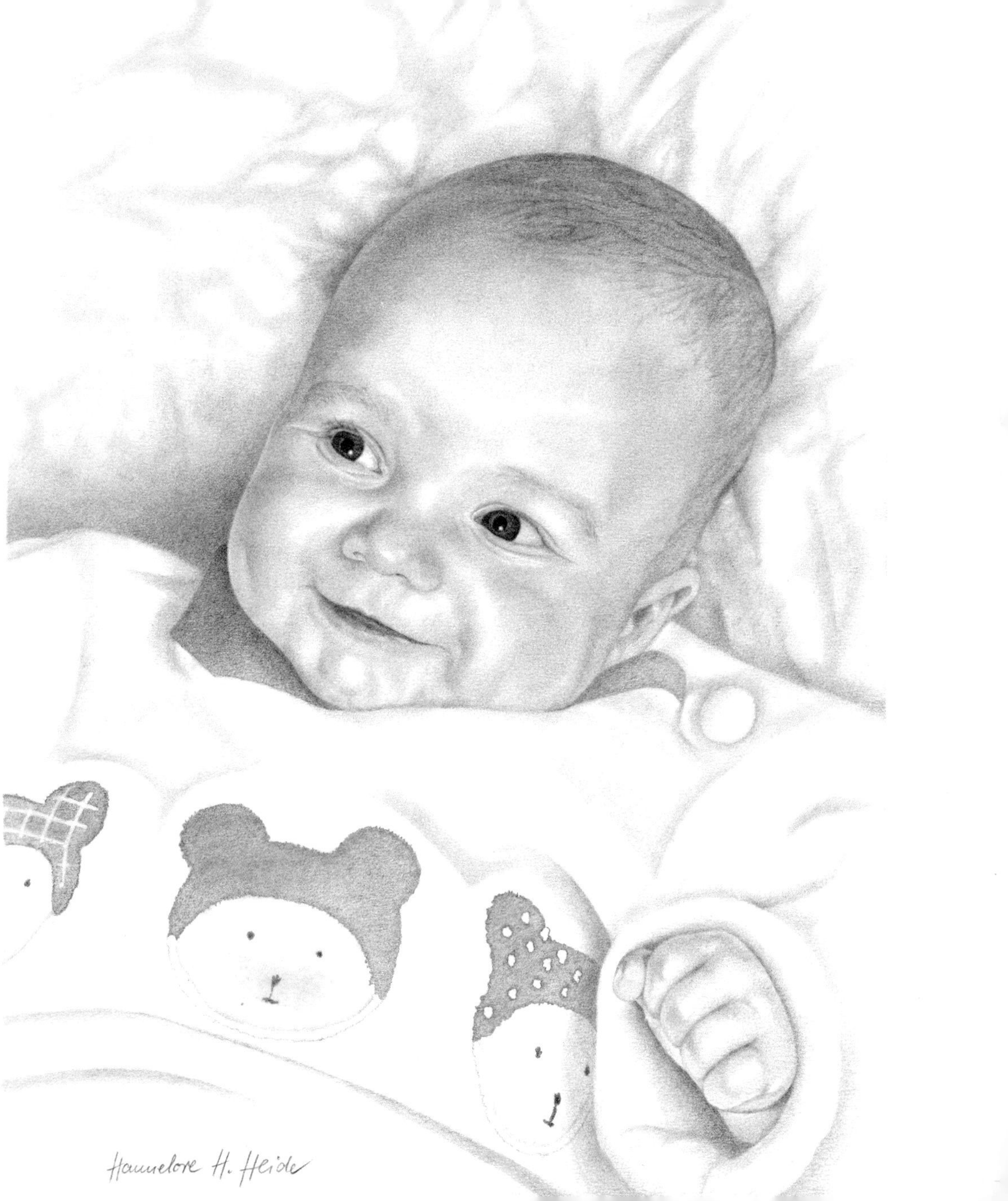
Hannelore H. Heide

Kinder schauen mehr darauf,

was die Eltern tun,

als was sie sagen.

Marie von Ebner-Eschenbach

Hannelore H. Heide

Ein Kind ist sichtbar gewordene Liebe.

Novalis

Hannelore H. Heide

Herr, was ist der Mensch, dass du seiner gedenkst,

und des Menschen Kind, dass du dich seiner annimmst?

David (Psalm 8, 5)

Hannelore H. Heide

Ein Kind bewegt das Oberste zuunterst –

und rückt gleichzeitig alle Dinge an ihren richtigen Platz.

Alain Delon

Heide

Kinder haben die märchenhafte Kraft,

sich in alles zu verwandeln,

was immer sie sich wünschen.

Jean Cocteau

Hannelore H. Heide

Kinder und Uhren

dürfen nicht ständig aufgezogen werden,

man muss sie auch gehen lassen.

Jean Paul

Hannelore H. Heide

Kinder sind das lieblichste Pfand in der Ehe;

sie binden und erhalten das Band der Liebe.

Martin Luther

Hannelore H. Heide

Wenn wir ganz und gar aufgehört haben,

Kinder zu sein, dann sind wir schon tot.

Michael Ende

Hannelore
H. Heide

Kinder wollen nicht belehrt,

Kinder wollen bestätigt werden.

Werner Bergengruen

Hannelore H. Heide

Ich möchte sagen,
dass ich immer noch
im und vom Sonnenschein
meiner Kindheit lebe.

Christian Morgenstern

H. Heide

Die Kinder sagen unzählige zarte Gefühle heraus,
die die Erwachsenen auch haben, aber nicht sagen.

Jean Paul

Kinder sind ein Geschenk des Herrn.

Salomo (Psalm 127,3)

Hannelore H. Heide

Wer sich seiner eigenen Kindheit nicht mehr ganz deutlich erinnert,

ist ein schlechter Erzieher.

Marie von Ebner-Eschenbach

Hannelore H. Heide

Wer ein Kind heute glücklich macht,
der sorgt dafür,
dass es durch die Erinnerung daran
auch in zwanzig Jahren
noch glücklich ist.

Kate Douglas Wiggin

Hannelore H. Heide

Bei der Erziehung muss man etwas aus dem Menschen herausbringen
und nicht in ihn hinein.

Friedrich Fröbel

Hannelore H. Heide

Meine Mutter hatte einen Haufen Ärger mit mir,

aber ich glaube, sie hat es genossen.

Mark Twain

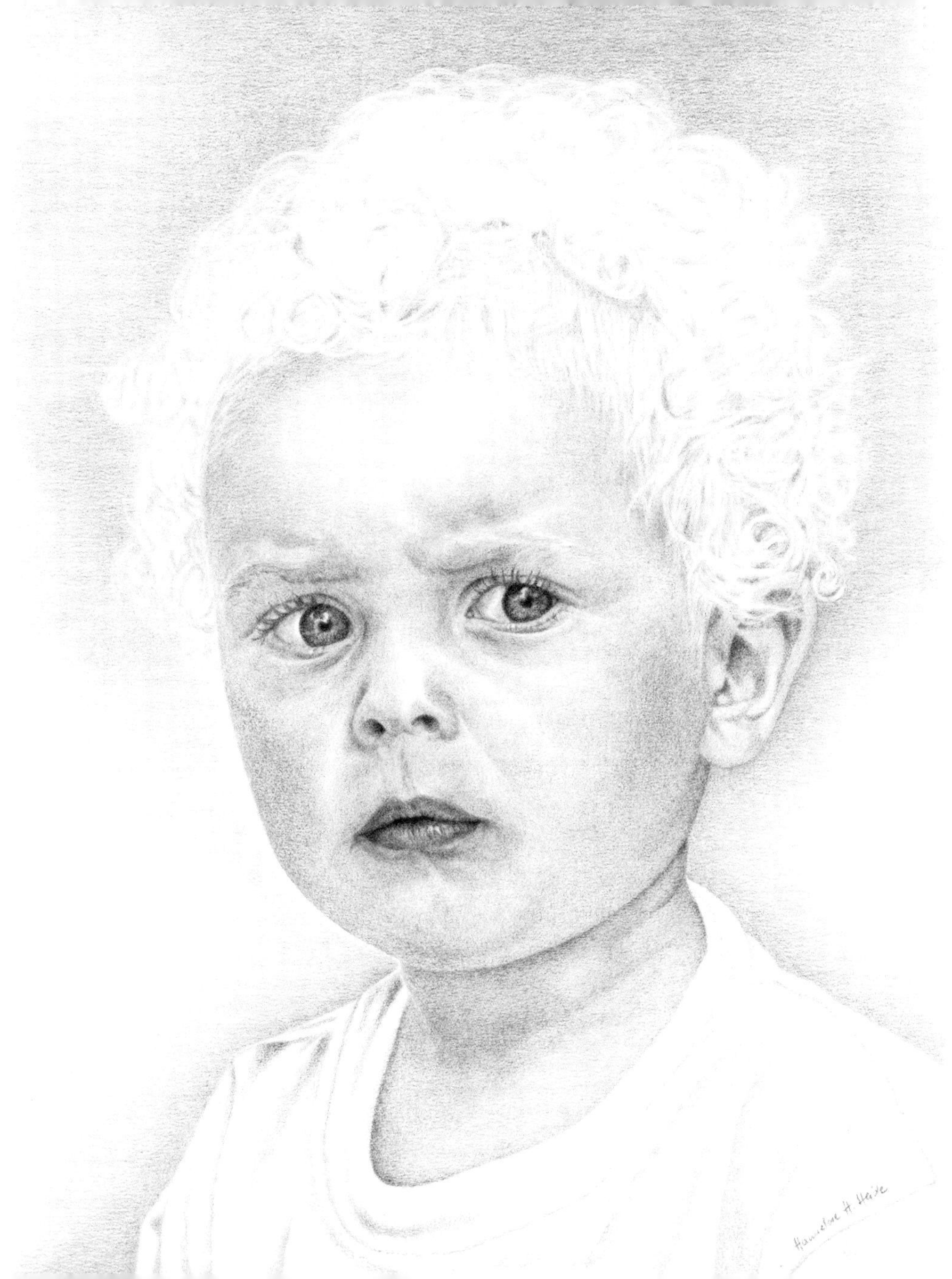

Als Kind ist jeder ein Künstler.

Die Schwierigkeit liegt darin, als Erwachsener einer zu bleiben.

Pablo Picasso

Mit Kindern vergehen die Jahre wie im Flug.

Doch Augenblicke werden zu Ewigkeiten.

Jochen Mariss

Hannelore H. Heide

Erziehung bedeutet:

Sorge tragen, dass der nächsten Generation

das Leben gelingt.

Irmela Hofmann

H. Heide

Ein einziger Kindertag

hat mehr Abwechslung

als ein ganzes Mannesjahr.

Jean Paul

H. Heide

Lasst die Kinder zu mir kommen und hindert sie nicht;

denn für Menschen wie sie ist das Reich Gottes bestimmt.

Jesus Christus (Matthäus 19,14)

Heide

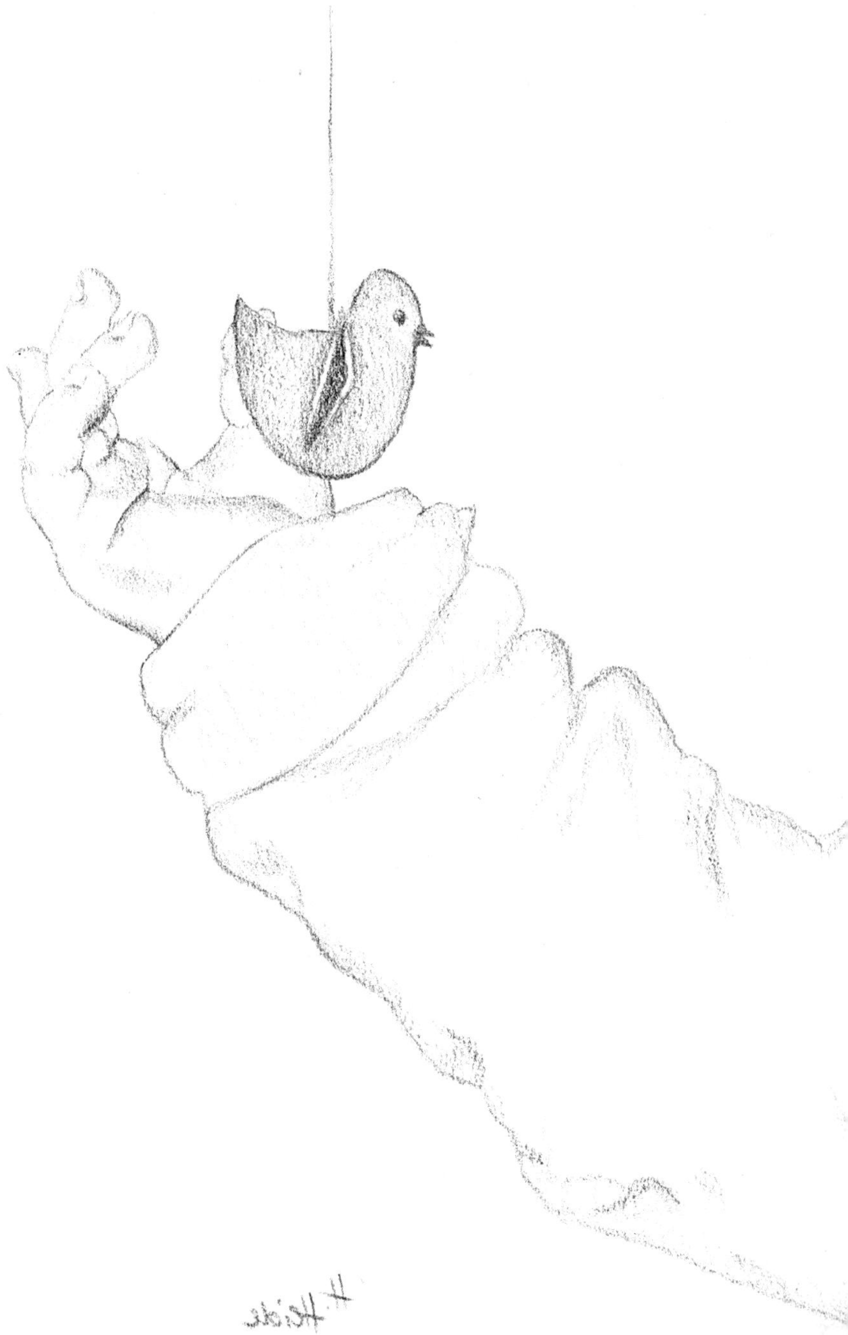